4 bis 7 Jahre

Gabriela Rosenwald

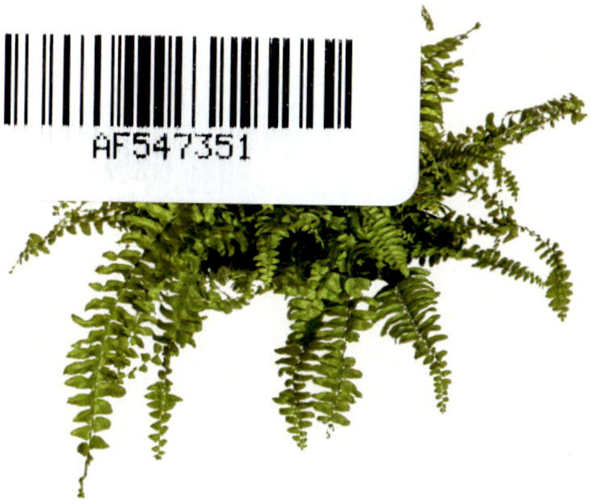

Wir entdecken Wald- und Wiesenpflanzen

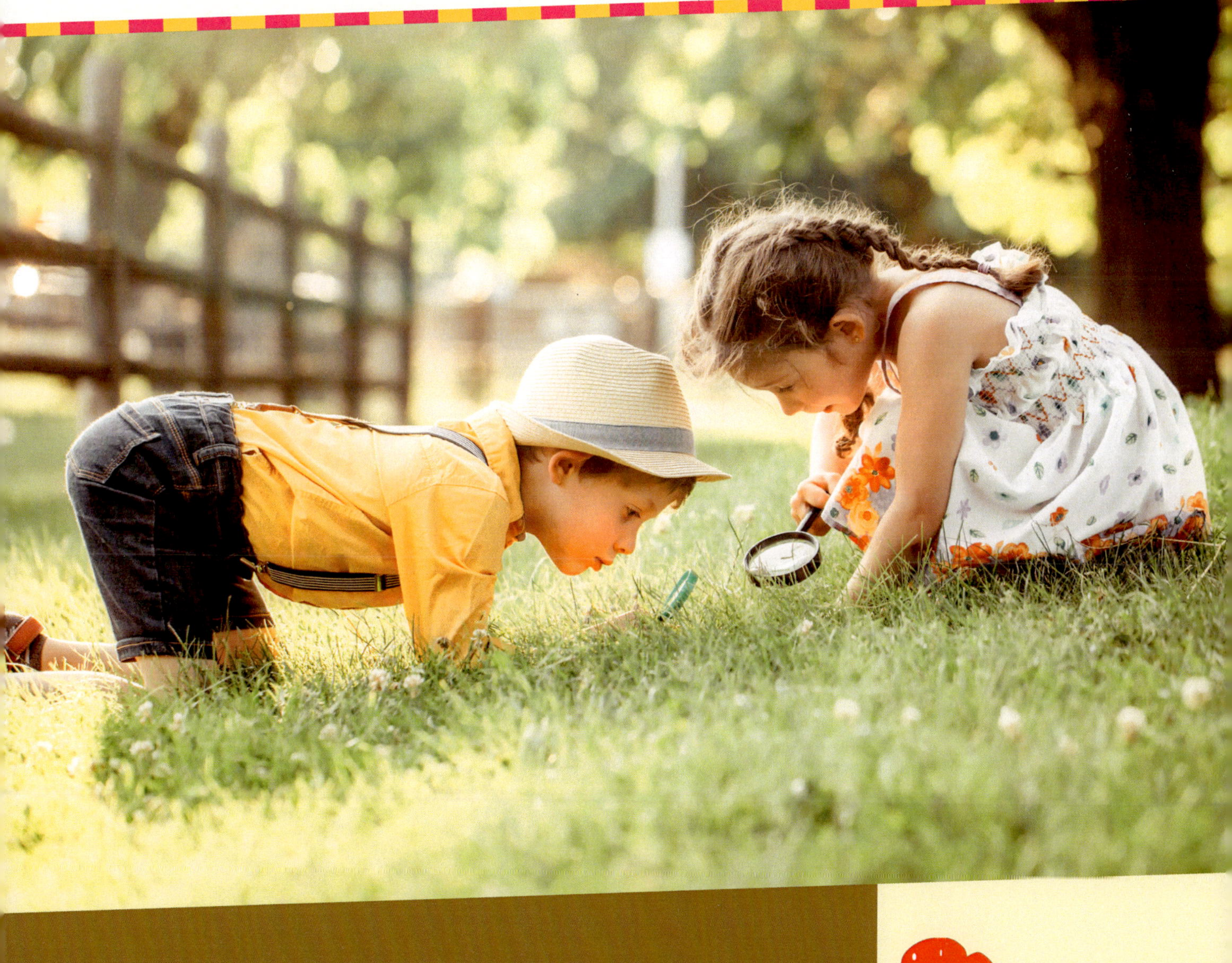

Blumen und Kräuter unserer Heimat kennenlernen

www.kohlverlag.de

Wir entdecken Wald- und Wiesenpflanzen

Blumen und Kräuter unserer Heimat kennenlernen

1. Auflage 2023

Inhalt: Gabriela Rosenwald
Redaktion: Kohl-Verlag
Umschlagbild: anoushkatoronto, 39 – AdobeStock.com
Grafik & Satz: Simone Demler / Kohl-Verlag
Druck: farbo prepress GmbH, Köln

Bestell-Nr. 12 842

ISBN: 978-3-98558-241-9

Bildquellen © adobestock.com
S. 3-49: ktv144; S. 4: Sunny studio; S. 5: Aygull, hibousunart, Мария Неноглядова, LiliGraphie; S. 6: jenesesimre, hibousunart, Eugene, bokasana, paprika; S. 8: Joachim, elta11, ksenashurubura; S. 9: Екатерина Роменская, Екатерина Роменская, volff, Marek Kosmal, Wolfilser; S. 10: NIKCOA, Dionisvera, arxichtu4ki, New Africa, KPixMining; S. 11: sunnychicka, bozhdb; S. 12: Gregories, ravi, dule964, ANGHI, zxczxc80, Simic Vojislav; S. 13: Alexander Potapov, Tony Baggett, vaitekune; S. 14: Angelika Z, Ruud Morijn, Abies alba P26, Aleš Nowák, Kiefer Pinus ponderosa cones; S. 15: Алёна Игдеева, Kostiantyn, Владимир Маевский, XaMaps; S.16: GabiWolf; S. 17 namosh, Yuliya Marholina, Oksana, Annika Gandelheid, foxyliam; S. 18: TTstudio, Viktorija; S.19: annabell2012, Scisetti Alfio, Perovskia; S. 20: Dryopteris carthusiana6, Daniil, rossco, Kazakova Maryia; S. 21: Sharidan, lithiumphoto, knipseria, Sharidan, ninoninos, golubka57; S. 22: al1974ex, setory, sabelskaya, womue, diamant24, maxsol7, ksenyasavva, emuck, vitals, sowl, Yevheniia, Sweta; S. 23: al1974exS. 23 al1974ex; S. 23 maxsol7, LumenSt, rgraz, arxichtu4ki;, backup studio; S. 24: lisa Gött, Sibirian sun, EvgeniiAnd; S. 25: enskanto, ulkan, winyu, Shamil; S. 26: Vaceslav Romanov; S. 27: GCapture, Olga Shevchenko; S. 28: Vera Kuttelvaserova, dalidasia; S. 29: Brian Jackson, sunset man, Kazakova Maryia, frijasswa, womue; S. 30: Jürgen Fälchle, Annika Gandelheid; S. 31: jenesesimre, mashikomo, Anna, Artem, Matricaria chamomilla JM, S.H.exclusiv; S. 32: Maria.Epine, eflstudioart, smtd3, m e l, Yulya, aluna1, Pam Walker; S. 33: Ruckszio, josje, unpict, Olaf Simon, Xavier, voltan, Scisetti Alfio, Images By Jefunne; S. 34: ksenyasavva, foxyliam, Sweta, cat arch angel; S. 35: Africa Studio, unpic, dule964, ksena32, Gummy Bear, Swapan, Alexander Potapov, Swapan, irska, Peter Hermes Furian; S. 36: Soho A studio, Thitirat, tigatelu, nelelena, Miceking, NIKCOA, Andrea Hirmer; S. 37: Mandala; S. 38: Ruckszio, IAartistatio, ksena32, Tamara Kulikova, yevgeniy11; S. 39: M. Schuppich; S. 40: Goldengel; S. 41: Omega, Maksim Shebeko; S. 42: Mikhaylovskiy, D.J.McGee; S. 43: pakes, vvoe, artem; S. 44: Juver, womue, LianeM, 151115; S. 45: M. Schuppich, oleon17, Wanlop, Christine; S. 46: Анна Таранкова, EvaHeaven2018; S. 48: Jürgen Fälchle, Africa Studio, unpict, dule964, ksena32, Gummy Bear, Swapan, Alexander Potapov, Swapan, irska, Peter Hermes Furian; S. 49: Ruckszio, unpict, Olaf Simon, Xavier, voltan, dule964, ksena32, Images By Jefunne, IAartistation, Tamara Kulikova, vaitekune, Sendo, FomaA, Stocksnapper, Vera Kuttelvaserova, womue, azure, Anatolii, Ruckszio, Le Do, Joachim, Richard Griffin, nadin333, josje, photohampster, Viktor, Joachim, ksena32, Robert Biedermann, Marty Kropp, emberiza, domnitsky, ExQuisine;

Bildquellen © wikipedia.com
S. 14: Jerzy Opioła, MPF; S. 20: Wasp32; S. 31: Johannes Maximilian;

Inhalt

Inhalt

Vorwort

Eine Wiese sieht aus wie die andere, ein Wald ist eben ein Wald mit vielen Bäumen? Das stimmt nicht so ganz. Die Wiese stellt einen vielfältigen Lernort für Kinder dar. Hier können sie die Pflanzenwelt entdecken und diese mit allen Sinnen erleben.

Bäume, Blumen und Kräuter gibt es tausende in unserer Heimat. Die bekanntesten und wichtigsten werden hier für unsere neugierigen Kinder vorgestellt. Der Band ist ein unentbehrlicher Begleiter bei Spaziergängen und Ausflügen!

Das Arbeitsheft ist vorgesehen zum Einsatz ab 4 Jahren im Kindergarten, in der Vorschule sowie in der Grundschule in den Klassen 1 und 2. Die Arbeitsblätter enthalten zahlreiche, kurze Infotexte, Aufgaben sowie Bastelideen, Rezepte und weitere Anregungen für Ihre Gruppe/Klasse. Die Kopiervorlagen sind mit Lösungen – auch zur Selbstkontrolle – versehen.

Viel Spaß mit diesen Seiten wünschen der Kohl-Verlag und

Gabriela Rosenwald

❶ Im Wald

Die Bäume

In einem Wald wachsen verschiedene Bäume, Sträucher, Farne, Moose und auch Blumen und Kräuter.
Bäume, die grüne Blätter haben, nennen wir Laubbäume. Auch Sträucher haben grüne Blätter. Meist verlieren die Bäume und Sträucher ihre Blätter im Herbst und werden dann kahl.
Dann gibt es noch Bäume, die anstelle der Blätter Nadeln haben. Die piksen, wenn man sie anfasst. Sie heißen Nadelbäume. Sie verlieren ihre Nadeln im Winter nicht.

✿ <u>Aufgabe</u>: *Die Kinder malen die Bilder aus und erzählen, was Laub- und was Nadelbäume sind.*

KOHL VERLAG Lernen mit Erfolg
Wir entdecken Wald- und Wiesenpflanzen – Bestell-Nr. 12 842

1 Im Wald

Die Stockwerke im Wald

Wälder haben wie ein großes Haus verschiedene Stockwerke.

✿ Aufgabe: *Die Kinder malen in die verschiedenen Stockwerke, was dort wächst.*

4

3

2

1

0

Die vierte und auch die größte Schicht, ist die **Baum- oder Kronenschicht**. Hier leben viele Vögel, Säugetiere und Insekten.

Die dritte Schicht ist die **Strauchschicht**, die bis in drei Meter Höhe geht. Hier findet man vor allem Sträucher und junge Bäume.

Es folgt die **Krautschicht**, die bis in 1 m Höhe reicht. Hier wachsen vor allem Gräser, Farne, Kräuter und Blumen.

Die unterste Schicht ist die **Moos- oder Bodenschicht**, die von Moosen und Pilzen gebildet wird. Altes Laub, abgefallene Nadeln und Früchte finden sich hier.

Doch wie bei jedem großen Haus gibt es hier auch einen **Keller**: Unter der Erde finden wir die Wurzeln aller Bäume, Farne, Sträucher, Gräser und Pilze.

❶ Im Wald

Die Bäume bekommen Blätter und Blüten

Wir freuen uns alle, wenn die Bäume und Büsche im Frühling endlich blühen und wieder grüne Blätter bekommen.

✿ **Aufgabe:** *Die Kinder können nun Blüten und Blätter an den Baum malen, wie es ihnen gefällt. Blüten und Blätter können auch aus Tonpapier ausgeschnitten werden und an den Baum geklebt werden.*

KOHL VERLAG Lernen mit Erfolg Wir entdecken Wald- und Wiesenpflanzen – Bestell-Nr. 12 842

❶ Im Wald

Verschiedene Laubbäume

Im September färben sich die Blätter der Pflanzen und Bäume in den schönsten Farben. Goldgelb, orange, rot, braun, grünbraun und in vielen anderen Farben leuchten die Blätter im Sonnenschein. Dazu kommen nun die Früchte, die man zum Basteln sammeln kann. Im Oktober werfen die Bäume dann die Blätter ab und bereiten sich auf die Winterruhe vor.

✿ Aufgabe: *Die Kinder sammeln bunte Blätter und ordnen sie den verschiedenen Baumarten zu. Natürlich müssen Sie die Namen mehrmals vorlesen, doch bald wissen die Kinder, welche Blattform zu welchem Baum gehört.*

Birke

Linde

Kastanie

Erle

Buche

Ahorn

Vogelbeere

Eiche

1 Im Wald

Suchspiel oder Rattenklatsch zu den Blättern und Früchten

Ein Suchspiel kennt nun jeder. Aber Rattenklatsch?
Das ist der Name, der mir von den Kindern her geläufig ist, vielleicht gibt es auch noch andere Bezeichnungen.

Und so geht es:
Wie beim Suchspiel deckt jeder Spieler 2 Kärtchen auf. Nach gründlichem Betrachten werden die Kärtchen nicht wieder verdeckt, sondern bleiben offen liegen. Deckt der nächste Spieler nun 2 Kärtchen auf und eines bildet mit einem Bild des ersten Paares ein Pärchen, so darf jeder Mitspieler auf das zuerst aufgedeckt Bild klatschen. Wer am schnellsten ist, bekommt das Pärchen. Wenn 8 oder 10 Kärtchen offen liegen, muss man ganz schön aufpassen! Zum Gedächtnistraining gesellt sich hier noch die Reaktionsgeschwindigkeit.
Sieger ist auch hier, wer am Ende die meisten Pärchen hat.

KOHL VERLAG Wir entdecken Wald- und Wiesenpflanzen – Bestell-Nr. 12 842

1 Im Wald

Suchspiel oder Rattenklatsch zu den Blättern und Früchten

1 Im Wald

Einen Rindenabdruck herstellen

Betrachtet die Stämme verschiedener Baumarten und ihre unterschiedlichen Rindenmuster. Legt eine Sammlung der verschiedenen Borkenmuster durch Reibdrucke an.
Ihr braucht dazu ein großes Blatt festes Papier, einen dicken Wachsmalstift und Bindfaden.
Befestigt das Papier mit dem Faden am Baum. Ihr könnt auch zu zweit arbeiten und einer hält das Blatt fest.
Nun reibt ihr mit dem Stift fest über das Papier. Das Muster der Rinde erscheint auf dem Papier! Klebt ein Blatt des Baumes dazu oder notiert den Namen.

Ahorn

Birke

Buche

Stieleiche

Kastanie

Linde

KOHL VERLAG Wir entdecken Wald- und Wiesenpflanzen – Bestell-Nr. 12 842

1 Im Wald

Wir züchten einen Kastanienbaum

Es gilt, 2 Hürden zu überwinden, um eine Kastanie zum Keimen zu bringen: die kräftige Schale und den erforderlichen Kältereiz. Und so überwinden wir sie:

- mit Schmirgelpapier wird die Schale der Kastanie aufgeraut
- die Samen werden für 48 Stunden in kalkfreiem Wasser eingeweicht
- eine Plastiktüte mit feuchtem Sand füllen
- die Kastanien in die Plastiktüte mit Sand einpacken
- die Tüte kommt für sechs Wochen ins Gemüsefach des Kühlschranks
- der Sand muss während der Zeit feucht bleiben

Bei Kaltkeimern wie den Kastanien können pflanzliche Wachstumshormone wie Gibberellinsäure die Keimung unterstützen.

- 0,1 g Gibberellinsäure in 5 ml Ethanol (reiner Alkohol) auflösen
- Mischung mit 95 ml kalkfreiem Wasser auffüllen
- Gemisch für eine Stunde ruhen lassen

Die gewünschte Menge Kastanien wird nun für 12 Stunden in der Lösung eingeweicht. Im Anschluss ist die Aussaat sofort und ohne weitere Schritte möglich.

Wenn die Kastanien keimen:

- tiefe Anzuchttöpfe nutzen und mit Anzuchterde füllen
- den keimenden Samen rund 2 cm tief einsetzen
- mit kalkfreiem Wasser angießen und einen halbschattigen Platz suchen

Im ersten Jahr bildet sich dann eine Pfahlwurzel, die eine Tiefe von bis zu 40 cm erreichen kann. Parallel zu den Keimblättern entwickeln sich die ersten Laubblätter.

Austreiben einer Kastanienknospe

Die Winterknospen der Laubbäume enthalten die Blattanlagen des kommenden Jahres. So sind diese gut geschützt. Stellt Anfang des Frühjahres ein paar Zweige in ein Glas Wasser und beobachtet die Entwicklung. Am besten wählt ihr eine großblättrige Art aus, wie die hier gezeigte Rosskastanie.

Im Wald

Der Ahornbaum kann nicht weglaufen ...

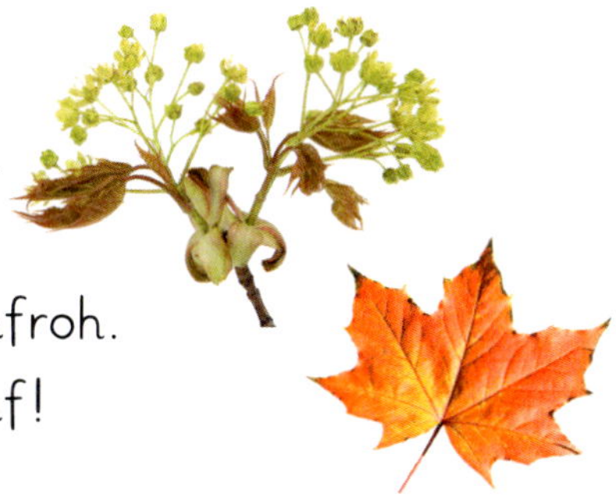

Der Ahorn wächst als junger Baum sehr schnell. Er kann mehrere hundert Jahre alt werden. Im Frühjahr erscheinen erst die gelblich grünen Blüten von den Blättern.
Im Herbst wird das Laub der Ahornbäume besonders farbenfroh.
Beobachten Sie mit den Kindern den Baum im Jahresverlauf!
Die Kinder können dazu malen.

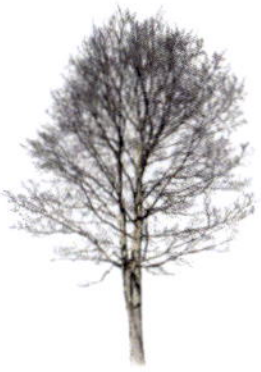

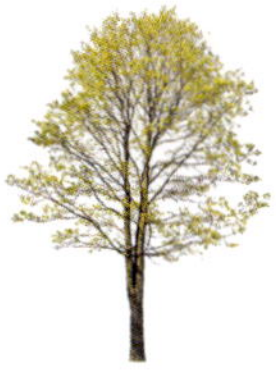

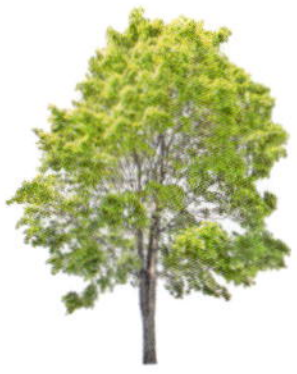

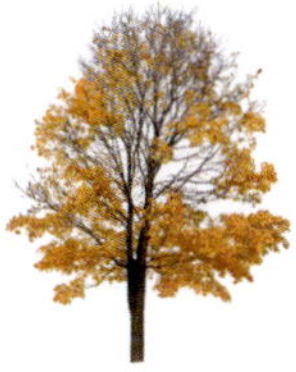

KOHL VERLAG Wir entdecken Wald- und Wiesenpflanzen – Bestell-Nr. 12 842

1 Im Wald

Im Nadelwald

Im Nadelwald wachsen die Nadelbäume. Bei uns sind das Tanne, Fichte, Kiefer, Lärche und Eibe.

Die Tannenzapfen stehen aufrecht am Zweig. Die Nadeln piksen nicht. Es gibt eine Eselsbrücke: Die Fichte sticht, die Tanne nicht.	
Die Fichtenzapfen hängen am Zweig. Die Fichte pikst, wenn man sie anfasst.	
Die Kiefern haben lange Nadeln.	
Die Nadeln der Lärche stehen in kleinen Büscheln zusammen. Die Lärche verliert als einziger Nadelbaum im Winter ihre Nadeln.	
Die Eibe ist oft mehr ein Busch als ein Baum. Sie hat keine Zapfen, sondern rote Beeren. Die Eibe ist sehr giftig!	

1 Im Wald

Waldrätsel

Aufgabe 1:

a) Wie viele Bäume von jeder Art findest du?

c) Verbinde die Blätter mit dem richtigen Schatten!

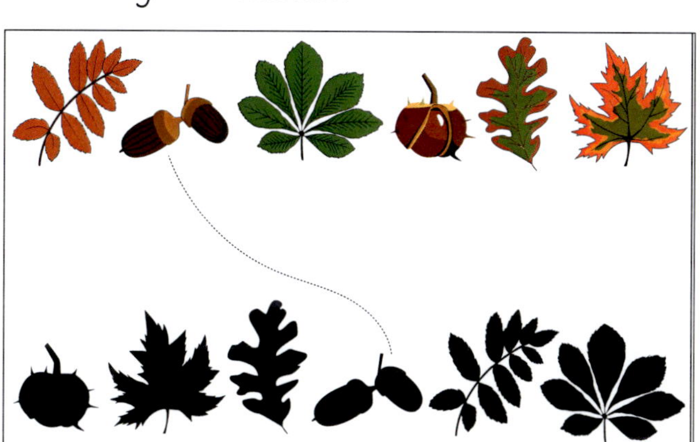

b) Verbinde die Zahlen. Was siehst du dann?

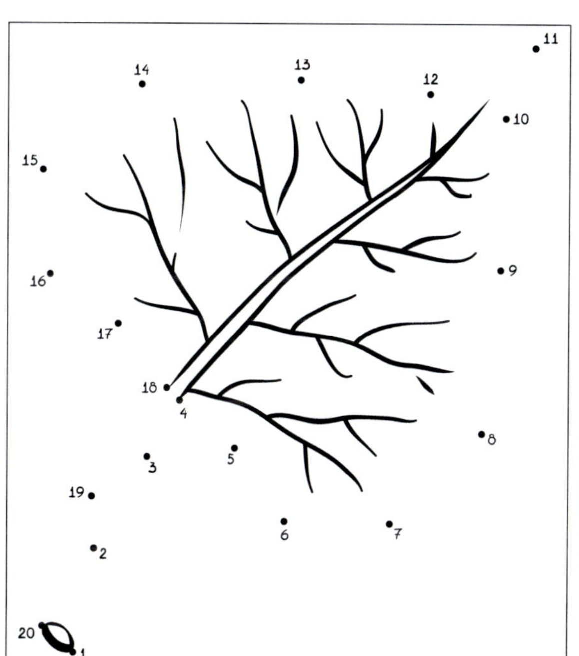

d) Löse das Sudoku!

Wir entdecken Wald- und Wiesenpflanzen – Bestell-Nr. 12 842

1 Im Wald

Waldbild zum Ausmalen

2 Frühblüher, Farne, Moose und Pilze

Frühling im Wald

Im Frühling scheint die Sonne wieder länger und wärmer. Der Wald erwacht! Vogelgezwitscher, das Rufen des Kuckucks und das Hämmern des Spechtes sind zu hören. Zugvögel kehren aus dem warmen Süden zurück.

Viele Tiere erwachen aus ihrem Winterschlaf (z. B. Igel und Fledermaus). Sie werden zwischen März und April alle wieder munter, gehen auf Nahrungssuche und paaren sich.

Noch bevor die Laubbäume neue Blätter bekommen, wachsen am Waldboden die Frühblüher. Sie nutzen die Wärme, solange die Sonnenstrahlen noch durch die kahlen Äste auf den Boden fallen. Wenn die Bäume wieder neue Blätter haben, endet ihre Blütezeit.

Bärlauch	Buschwindröschen	Waldmeister
Veilchen	Schlüsselblume	Sumpfdotterblume

KOHL VERLAG Wir entdecken Wald- und Wiesenpflanzen – Bestell-Nr. 12 842

2 Frühblüher, Farne, Moose und Pilze

Bärlauch

Bärlauch wächst in Laubwäldern, unter Sträuchern oder an Bächen. Die Bärlauch-Zeit ist nur kurz und beginnt in der Regel im April. Ungefähr ab Mai beginnt die Pflanze zu blühen. Die Blätter riechen nicht nur nach Knoblauch, sie schmecken auch danach.

Vorsicht beim Sammeln, denn er kann leicht mit Maiglöckchen, Herbstzeitlosen, Aronstab und Weißwurz verwechselt werden. Doch nur der Bärlauch riecht nach Knoblauch. Beim Bärlauch ist die Blattunterseite immer matt, bei Maiglöckchen und Herbstzeitlose glänzend.

Natürlich wollen die Kinder auch etwas mit dem Bärlauch machen, wenn sie ihn gesammelt haben. Daher gibt es im Frühjahr **Bärlauchsuppe**.

Ihr braucht:

1 Zwiebel	200 g Bärlauch
1 Kartoffel	100 ml Schlagsahne oder vegane Sahne
1 EL Olivenöl	Salz, Pfeffer, Muskatnuss
1 Knoblauchzehe	etwas Zitronensaft
1 l Gemüsebrühe	

So geht es:

- Schneide die Zwiebel und Kartoffel in feine Stückchen und brate sie in einem Topf in etwas Olivenöl für einige Minuten an.
- Hacke die Knoblauchzehe klein und gib diese hinzu. Lasse alles noch kurz anbraten.
- Lösche mit der Gemüsebrühe ab und lasse die Suppe für einige Minuten köcheln.
- Wasche den Bärlauch und hacke ihn in grobe Stücke.
- Gib den Bärlauch in die kochende Suppe und lasse ihn zwei Minuten mitköcheln.
- Nimm den Topf vom Herd, gib die Schlagsahne oder vegane Sahne hinzu und püriere alles zu einer cremigen Suppe.

❷ Frühblüher, Farne, Moose und Pilze

Waldmeister

Waldmeister wächst nur in Laubwäldern. Er wird 10 - 50 cm hoch. Die meist acht Blätter sind kreisförmig in einem Quirl angeordnet. Waldmeister blüht zwischen Anfang April und Anfang Juni. Er ist leicht zu erkennen. Für Limonaden, Desserts und Eis verwendet man die Blätter des Waldmeisters vor der Blüte und nach dem Anwelken (pflücken und etwas welken lassen). Erst dann entfaltet sich das beliebte Waldmeister-Aroma.

Auch hier lässt sich etwas Leckeres zaubern, was Kinder anspricht:

Waldmeister-Götterspeise

Ihr braucht:

- 1 Bund Waldmeister
- 500 ml Apfelsaft
- 1 Päckchen gemahlene Gelatine
- grüne Lebensmittelfarbe oder 4 EL Waldmeistersirup
- 250 ml Milch
- 1/2 Päckchen Soßenpulver „Vanillegeschmack"
- 3 EL Zucker

So geht es:

1. Waldmeister waschen, trocken schütteln.
2. Gelatine nach Packungsanweisung einweichen.
3. Den Apfelsaft in einen Topf gießen.
4. Den Waldmeister fein gehackt in den Apfelsaft geben.
5. Diesen nur leicht erwärmen und die Gelatine nach der Einwirkzeit darin unter Rühren mit dem Schneebesen auflösen.
6. Waldmeistersirup oder Lebensmittelfarbe zugeben.
7. Die Götterspeise durch ein Sieb in kleine Gläser/Becher füllen und auskühlen lassen.
8. Dann kann die Götterspeise auf einen Teller gestürzt und mit Vanillesauce übergossen werden. Ein Blatt Waldmeister als Dekoration sieht immer großartig aus.

2 Frühblüher, Farne, Moose und Pilze

Farne

Farne sind uralte Pflanzen. Es gab sie schon, als die Dinosaurier noch lebten. Fast alle Farne kommen nur an schattigen und feuchten Plätzen im Wald vor.

Sie haben große Blätter, die Wedel heißen. Junge Farnwedel sind an der Spitze eingerollt. Sie entrollen sich, wenn der Farn wächst. Das kann man im Frühjahr gut beobachten. Farne besitzen keinen Samen.

Dafür befinden sich auf der Blattunterseite Sporen, die der Fortpflanzung dienen. Die Sporen reifen meist zwischen Juli und November und werden vom Wind verbreitet. Bei uns gibt es z. B. den Wurmfarn und den Adlerfarn.

Basteln: So wird's ein Hase

Ihr braucht:
- 2 Farnwedel
- Klebestift, Farbstifte

So geht es:
- Unseren Hasen gestalten wir von den Ohren nach unten.
- Zuerst klebt ihr zwei lange Farnspitzen als Ohren in das obere Drittel des Blatts.
- Nun zupft ihr vom Farn die Spitzen ab. Diese klebt ihr in Form von einem Hasenkopf unter die Ohren. Dazu nehmt ihr den Klebestift.
- Zum Schluss malt ihr dem Hasen ein Gesicht.
- Ihr könnt ihm Kulleraugen und eine Nase aufmalen. Auch den Schnurrbart malt ihr nach eurem Geschmack.

2 Frühblüher, Farne, Moose und Pilze

Moose

Moospolster bestehen aus vielen einzelnen Pflänzchen, die eng beieinander wachsen. Weil es so dicht wächst, hält Moos natürlich auch schön warm. Die Vögel wissen das und bauen gerne ihre Nester damit.
Moose blühen nicht. Manchmal kann man auf den grünen Polstern kleine Stiele mit Kapseln dran sehen. Darin sind die Sporen (Samen). Wenn sie reif sind, platzen die Kapseln. Die Sporen werden wie aus einem Salzstreuer ausgestreut. Aus ihnen wachsen dann wieder neue Moospflanzen.
Bei den Moosen saugt die ganze Pflanze Feuchtigkeit auf, also auch die grünen Stiele und Blättchen. Sie sind wie riesige Schwämme und können sehr viel Wasser speichern.

Versuch: Wie viel Wasser kann Moos speichern?

Ihr braucht:
- eine Waage
- einen Becher, halbvoll mit Wasser
- ein Stück trockenes Moos

So geht es:
- Macht mit Filzstift einen Strich am Becher, wie hoch das Wasser steht.
- Nun legt ihr das Stück Moos in den Becher, es kann sich jetzt vollsaugen.
- Nach gut 5 Minuten nehmt ihr das Moos heraus. Schaut, wie viel Wasser verschwunden ist. Das hat das Moos aufgenommen!

Mit Moos kann man wunderschöne, kleine Nester und Gestecke basteln, sei es zu Ostern, im Frühling, im Herbst oder im Advent.

KOHL VERLAG

❷ Frühblüher, Farne, Moose und Pilze

Pilze

Wenn nach Regentagen im Herbst die Sonne scheint, dann schießen über Nacht die Pilze aus dem Boden. Aber: Das, was du da über der Erde siehst, ist nur ein ganz kleiner Teil. Das wahre Leben der Pilze findet im Geheimen statt. Unter der Erde oder in toten Bäumen breiten sie sich heimlich aus.

Male die Pilze aus! Welche Pilze sind giftig?

Steinpilz

Champignon

Pfifferling

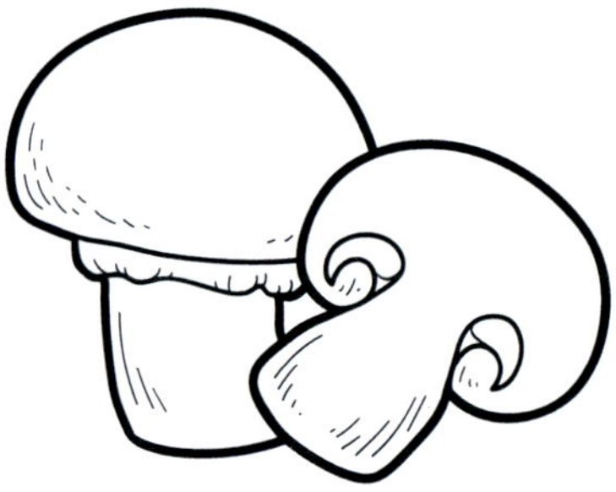

Morchel

Hallimasch

Fliegenpilz

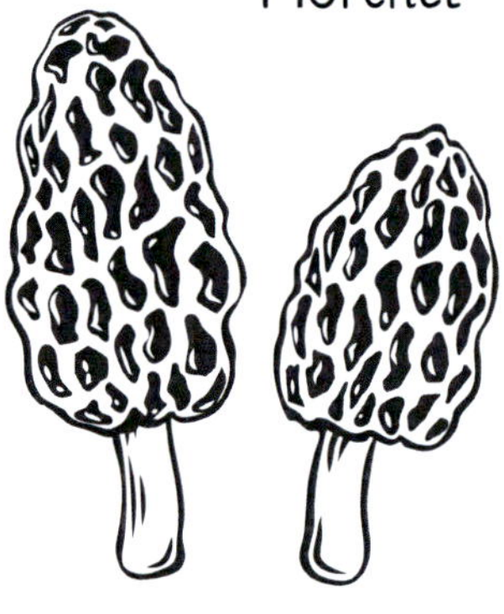

2 Frühblüher, Farne, Moose und Pilze

Sudoku zu den Pilzen

KOHL VERLAG
Wir entdecken Wald- und Wiesenpflanzen – Bestell-Nr. 12 842

2 Frühblüher, Farne, Moose und Pilze

Naturmandala legen

Wir wollen die Kinder dazu zu bringen, mit offenen Augen durch die Natur zu gehen. Sie sollen die einfachen Naturschätze entdecken, die sie täglich umgeben, um ihnen zu zeigen, wie man diese Dinge auf schöne Art und Weise hervorhebt.
Hier können alle Kinder ihre individuellen Fähigkeiten einbringen. Spaß und Freude am gemeinsamen Tun fördert die Gruppenzugehörigkeit.
Natürlich ist es am schönsten, ein Natur-Mandala gleich im Wald, im Park oder im Garten zu legen. Doch auch im Gruppenraum oder in der Turnhalle lässt sich auf einem Laken oder einer großen Pappe mit den gesammelten Materialien ein Mandala herstellen.

- Wichtig ist ein ebener Boden, etwa 1 - 2 m im Quadrat.
- Der Rahmen kann aus einem Reifen bestehen oder aus Stöcken, Ästen und Zweigen gelegt werden.
- Mit Stöcken kann man auch die einzelnen Felder einteilen.
- Als Form bieten sich Kreis oder Viereck an, natürlich sind aber auch Sterne oder Schnecken (Spirale) möglich. Da jedoch mehrere Kinder daran arbeiten, ist es sinnvoll, dass sie das an verschiedenen Seiten gleichzeitig können.

- Mit den Kindern haben wir die Materialien bestimmt, wobei sie die besten Ideen hatten.
- Dann haben wir Teams gebildet, z. B. Team Moos, Team Zapfen, Team Steine, Team Blätter usw. Die Kinder können selbst entscheiden bei welchem Team sie mitmachen wollen.
- Die Mitte kann man gut aus Zapfen oder Steinen legen, dann schließen sich alle weiteren Elemente an: bunte Blätter, Eicheln, Kastanien mit und ohne Schalen, Bucheckern, Eicheln, Zweige, Gräser, Blumen. Der Fantasie sind keine Grenzen gesetzt!

❸ Die Wiese

Besuch auf der Wiese

Im Frühling, wenn das Leben auf der Wiese erwacht, gibt es eine Menge Interessantes zu sehen. Wir gehen mit den Kindern auf eine Wiese. Jeder pflückt sich ein paar Gräser oder Blumen.

Dann fertigen wir ein Wiesen-Rubbelbild an

Ihr braucht:

- Gräser oder Blumen
- ein Blatt helles Papier
- dicken Wachsmalstift oder -block

So geht es:

- Gräser oder Blumen unter das Papier legen
- gut festhalten, damit nichts verrutscht
- mit Wachsmalkreide darüber rubbeln
- schon zeigen sich Blätter und Blumen

Suchspiel mal ganz anders – Gräser, Blumen, Blätter

Ihr braucht:

- pro Gruppe (3 – 5 Kinder) einen Becher mit Wasser
- Gartenblumen, Gräser, Zweige mit Blättern – was sich findet

So geht es:

- die Kinder werden in Kleingruppen aufgeteilt und bekommen jeweils ein Glas mit Pflanzen, die sie sich in Ruhe anschauen.
- Zusammen laufen die Kinder dann auf die Wiese, um die gleichen Pflanzen wie in ihrem Glas zu finden.
- Sieger ist die Gruppe, die zuerst alle Pflanzen gefunden hat.

3 Die Wiese

Die Stockwerke der Wiese

Die Wiese hat, genau wie der Wald, verschiedene Stockwerke. Darin wohnen bestimmte Pflanzen und Tiere. Das ist gut, denn so können sehr viele verschiedene Lebewesen zusammen auf einer Wiese wohnen, ohne sich gegenseitig zu stören.

Sie lesen die Texte vor und die Kinder malen dazu in die Kästen.

Der Keller der Wiese – die Bodenschicht – unter der Erde
Im Keller der Wiese haben die Pflanzen ihre Wurzeln. Hier nehmen sie Wasser und Nährstoffe auf. Zwischen den Wurzeln bauen Kaninchen und Mäuse ihre Höhlen. Regenwürmer, Asseln und Tausendfüßer graben den Boden um und sorgen zusammen mit den Pilzen dafür, dass aus abgestorbenen Pflanzen wieder nährstoffreiche Erde wird.

Das Erdgeschoss der Wiese – die Streuschicht auf der Erde
Auf dem Wiesenboden kannst du die Streuschicht erkennen. Sie besteht aus abgestorbenen Pflanzen und ist der Lebensraum vieler Insekten. Um die Streuschicht zu beobachten, kann eine Lupe sehr nützlich sein. Wenn du die Pflanzen ein wenig auseinanderschiebst, kannst du dir den Wiesenboden ganz genau anschauen.

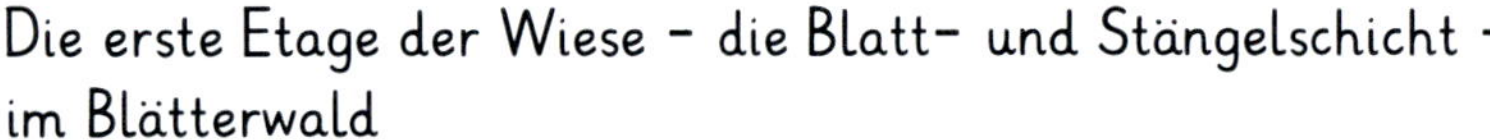

Die erste Etage der Wiese – die Blatt- und Stängelschicht – im Blätterwald
Die Blatt- und Stängelschicht beginnt ein wenig über der Streuschicht. Gräser, Kräuter und Blumen breiten hier ihre Blätter aus. Doch zwischen den Halmen gibt es auch viele Tiere. Wenn du aufpasst, kannst du sie auch hören. An den Stängeln sitzen Heuschrecken. Spinnen spannen hier ihre Netze.

Das Dachgeschoss der Wiese – die Blütenschicht
Im Dachgeschoss der Wiese sind die Blüten. Bienen und Schwebfliegen sind hier unterwegs; auch Käfer, Fliegen und Schmetterlinge. Libellen und Hornissen kannst du in der Blütenschicht entdecken. Die sind aber nicht hinter dem Nektar der Blüten her, sondern sie jagen andere Insekten.

❸ Die Wiese

Gräser

Zum Vorlesen: Auf einer Wiese wachsen Gräser, Blumen und Kräuter. Gräser haben lange, schmale Blätter. Die Blüten sind klein, sodass man genau hinsehen muss, um sie zu entdecken. Wenn Gräser eine ganze Fläche bedecken, nennt man das eine Wiese. Wiesen werden schon seit Jahrtausenden von Menschen genutzt. Sie werden regelmäßig gemäht. Das gemähte Gras ist Futter für Kühe, Schafe und Ziegen. Man trocknet es zu Heu und bewahrt es für den Winter auf.

Graspüppchen basteln

Gras- oder Strohpuppen sind ganz einfach zu basteln. Beim nächsten Spaziergang kann man die Materialien suchen, die man dazu benötigt. Am ehesten findet man hohes Gras und Blumen an Feldwegen oder im Wald.

Ihr braucht:

- ein Büschel langes Gras
- ein paar Wiesenblumen
- eine Schere
- grünes, festes Garn oder Bast

So geht es:

- Die gesammelten Gräser nach Länge sortieren.
- Ein Bündel langes Gras (dies wird der Körper der Puppe) in die Hand nehmen und die obere Seite einmal umbiegen. So entstehen der Kopf und der Rumpf.
- Der umgebogene Kopf sollte mit Garn oder Bast gebunden werden.
- Nun muss ein zweites Grasbündel für die Arme zurechtgeschnitten werden.
- Quer zum Körper wird es unter dem Kopf durch die Halme gesteckt.
- Mit Garn oder Bast wiederum darunter abbinden.
- Der untere Bereich des Körpers wird jetzt in der Mitte geteilt und leicht nach außen gebogen – so entstehen die Beine.
- Am Ende werden die Füße abgebunden mit zwei langen Gräsern.
- Mit den Blumen kann man zum Schluss noch das Gesicht der Puppe gestalten und den Körper verzieren.

KOHL VERLAG Wir entdecken Wald- und Wiesenpflanzen – Bestell-Nr. 12 842

❹ Was blüht denn da

Das Schneeglöckchen
Irgendwann entdecken wir auf einem Spaziergang die ersten Blumen, obwohl es ja eigentlich noch Winter ist. Meist sind es Schneeglöckchen, die in kleineren oder größeren Gruppen zusammen stehen. Die Kinder dürfen sie anschauen, pflücken darf man sie leider nicht, sie stehen unter Naturschutz. Abgesehen davon sind sie giftig. Aber nach dem Spaziergang können Sie die Geschichte vorlesen und jedes Kind kann ein Schneeglöckchen malen.

Wie das Schneeglöckchen zu seinem Namen kam

Im Winter ging es unter der Erde lebhaft zu. Die Blumenkinder suchten sich ihre bunten Blütenkleider aus.
Die Tulpe wählte rot, die Osterglocke gelb, das eine Veilchen blau, das andere Veilchen suchte sich lila aus. Die Primelchen konnten sich nicht einig werden. Sie nahmen von jeder Farbe etwas: rot, blau, gelb, weiß, rosa und lila. Auch die Krokusse nahmen gleich mehrere Farben: lila, weiß und gelb.
Endlich waren alle zufrieden.
Ganz hinten in der Ecke hockte noch ein kleines Blumenkind.
„Was hast du dir denn ausgesucht?" fragte Mutter Erde. Sie lächelte freundlich.
Das Blumenkind saß traurig da.
„Ich kam nicht dazu, mir etwas auszuwählen", stotterte es.
„Nun habe ich nur noch die Farbe weiß", meinte Mutter Erde, „weiß wie Schnee, ein wunderschönes Weiß."
„Dann nehme ich dieses Weiß", seufzte das Schneeglöckchen erleichtert, „weiß mag ich gerne."
Und da die Blüte der kleinen Blume wie eine Glocke aussah, hieß sie von nun an Schneeglöckchen. Und weil das Schneeglöckchen so lange auf sein Blütenkleid gewartet hatte, durfte es als erstes auf die Erde.

4 Was blüht denn da

Der Löwenzahn

Löwenzahn wächst überall: auf Wiesen, an Straßen und am Wegesrand. Besonders auffällig sind seine gesägten Blätter. Daher stammt auch sein Name: Löwenzahn. Wenn er verblüht ist, fliegen viele kleine Samen davon. Sie sind mit einem Fallschirm versehen. Löwenzahn wird 15 bis 45 cm hoch. Er blüht von Anfang April bis Anfang Juli.

Man kann den gesamten Löwenzahn essen. Ab März oder Anfang April werden die zarten Löwenzahnblätter gesammelt. Die Blüten sind süß und nur bei Sonne geöffnet. Anschließend kann man auch die Knospen und gelben Blüten ernten. Im Herbst lassen sich dann die Wurzeln essen.

Löwenzahn Marmelade

Ihr braucht:
500 g (drei Handvoll) Löwenzahnblüten, frisch und aufgeblüht
1 Zitrone, 500 ml Wasser, saubere Twist-Off Gläser
1 Paket Gelierzucker, Verhältnis 1:3 oder 1:2

So geht es:

- Die sauberen, aber nicht gewaschen, gelben Blütenblätter des Löwenzahns vom grünen Körbchen abzupfen und etwa eine Stunde in die Sonne legen.
- Die Blütenblätter mit dem Wasser übergießen und den Saft der ausgepressten Zitrone dazugeben.
- Das Ganze aufkochen und etwa zehn Minuten bei geringer Hitze köcheln.
- Die Masse über Nacht abgedeckt durchziehen lassen und am nächsten Tag mit einem Pürierstab zerkleinern.
- Dann den Gelierzucker dazugeben, nach Anleitung etwa vier Minuten aufkochen und anschließend in saubere, heiße Gläser abfüllen.
- Die Gläser 10 Minuten auf den Deckel stellen, das erhöht die Haltbarkeit.

KOHL VERLAG Wir entdecken Wald- und Wiesenpflanzen – Bestell-Nr. 12 842

4 Was blüht denn da

Der löwenzahn

Ein Bild zum Ausmalen:

Aufgabe 1: *Könnt ihr diese Bilder in die richtige Reihenfolge bringen? Die Knospe, die Blüte öffnet sich, der Löwenzahn blüht. Dann ist er verblüht und eine Pusteblume ist zu sehen.*

4 Was blüht denn da

Das Gänseblümchen

Gänseblümchen findest du fast überall. Die Blätter und Blüten schmecken nach Nüssen und du kannst sie in Kräuterquark oder Kräuterbutter mischen. Sie werden auch Maßliebchen genannt. Auf einer Wiese können aber auch Kamille und Margeriten wachsen.

Unterscheidung von Gänseblümchen, Kamille und Margerite:

Das Gänseblümchen wird nur 15 cm hoch. Die Blätter wachsen direkt am Boden um die Blüte. Die Blütezeit reicht von März bis in den November hinein.	Im Gegensatz zum Gänseblümchen sind die Blätter der Kamille auffällig gefiedert. Die weißen Hüllblätter der Kamille hängen nach unten. Typisch für die Echte Kamille ist auch der Duft, den diese im Vergleich zum duftlosen Gänseblümchen verströmt.	Margeriten werden mit etwa 50 cm wesentlich höher als das Gänseblümchen. Die Blätter des Gänseblümchens wachsen als bodenständige Rosette; Margeritenblätter hingegen sind wechselständig am Stängel angeordnet.

KOHL VERLAG Wir entdecken Wald- und Wiesenpflanzen – Bestell-Nr. 12 842

4 Was blüht denn da

Klee und Wegerich

Weißklee und Rotklee

Die Laubblätter wachsen am Boden. Sie setzen sich aus drei Blättchen zusammen. Viele Menschen suchen nach einem vierblättrigen Kleeblatt, denn es gilt als Glücksbringer. Die Chance eines zu finden, ist aber eher gering. Da der Weiß-Klee unempfindlich gegen Tritte ist, wird er häufig auf Sportplätzen angepflanzt. Er wird nur 5 bis 20 cm hoch.

Der Rotklee blüht von Juni bis Oktober. Auf trockenen und mäßig feuchten Wiesen wächst er wild, ist aber als Futterpflanze sehr gut geeignet. Er wird meist 20 bis 40 cm hoch.

Spitzwegerich und Breitwegerich

Der Breitwegerich wird bis 25 cm hoch. Er blüht grünlich von Juni bis Oktober. Die Pflanze wächst überall, auch in Pflasterritzen oder auf häufig betretenen Rasenflächen.

Der Spitzwegerich wird etwa 5 bis 50 cm hoch. Die eher unscheinbaren, bräunlichen Blüten erscheinen von Mai bis Oktober. Der Spitzwegerich ist eine Heilpflanze, z. B. gegen Husten.

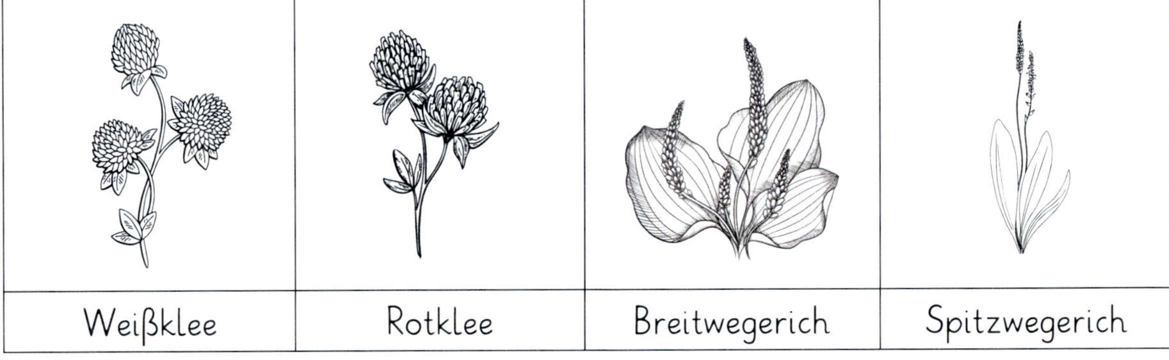

Was blüht denn da

Häufige Wiesenblumen

Die Kornblume blüht blau am Weg- und Feldrand. Die Blütezeit reicht von Juni bis August.

Der Rainfarn hat dunkelgrüne, längliche Blätter. Sie duften stark. Von Juni bis September blüht er gelb.

Die Glockenblumen blühen in den Farben blau, lila oder weiß. Die Blüten sehen aus wie Glöckchen und sind von Mai bis Juli zu sehen.

Der Hahnenfuß wird auch Butterblume genannt. Die goldgelben, glänzenden Blüten erscheinen zwischen April und Juni und blühen bis in den September hinein. Er ist giftig. Seine Blätter sehen aus wie Hahnenfüße.

Das Johanniskraut blüht von Ende Juni bis August. Es blüht gelb.

Die Wegwarte. Der Stängel ist oft verzweigt und rau behaart. Sie blüht hellblau von Ende Juni bis September.

Die Mohnblume blüht in den Monaten Juni und Juli. Auf jedem der Stängel wächst nur eine rote Blüte, die in der Mitte schwarz gefärbt ist. Die Blütenblätter sind sehr dünn und fallen, wenn man den Mohn pflückt, sehr schnell ab. Aus dem Fruchtknoten bildet sich die Samenkapsel, in der einige hundert sehr kleine dunkle Samenkörner enthalten sind.

Der Sauerampfer blüht von Mai bis August. Er blüht rosarot. Sauerampfer kann wie Spinat zubereitet werden oder auch als Suppe.

Die Schafgarbe hat schmale, gefiederte Blätter. Die weißen, duftenden Blüten erscheinen von Juni bis Oktober.

KOHL VERLAG Wir entdecken Wald- und Wiesenpflanzen – Bestell-Nr. 12 842

4 Was blüht denn da

Blumenbilder zum Ausmalen

Glockenblume

Mohnblume

Klee

Schafgarbe

❹ Was blüht denn da

Blätter den Blumen zuordnen

<u>Aufgabe 2</u>: *Einige Blumen kann man auch an den Blättern erkennen. Die Kinder schneiden die Blätter aus und kleben sie zu den Blumen.*

 Klee	 Löwenzahn	 Breitwegerich
 Hahnenfuß	 Spitzwegerich	 Kamille

Wir entdecken Wald- und Wiesenpflanzen – Bestell-Nr. 12 842
KOHL VERLAG

❹ Was blüht denn da

Kennt ihr die Blumen?

<u>Aufgabe 3</u>: *Die Kinder nennen die Dinge, die sie auf den beiden Bildern sehen und erraten die Blume. Sie wird anschließend in den Kasten gemalt.*

	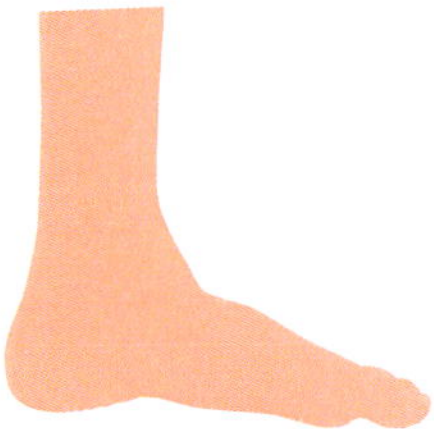	

	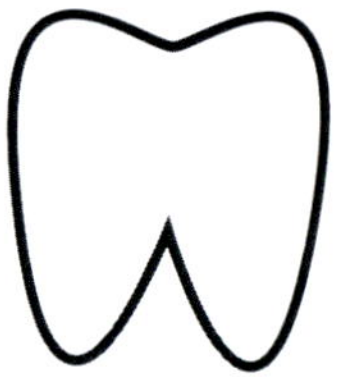	

4 Was blüht denn da

Wiesenmandala zum Anmalen

Ein Mandala zum Ausmalen. Vielleicht können die Kinder die Blumen auch benennen?

Wir entdecken Wald- und Wiesenpflanzen – Bestell-Nr. 12 842
KOHL VERLAG

❹ Was blüht denn da

Kennt ihr die Blumen? Welche Blume fehlt denn da?

<u>Aufgabe 4</u>: *Hier gibt es Kornblumen, Kamille, Mohn, Rainfarn und Glockenblumen. Doch in jeder Reihe fehlt ein Bild. Schneide die Kärtchen unten aus und klebe sie in das freie Feld.*

❹ Was blüht denn da

Samenpapier herstellen

Von Mohnblumen lassen sich leicht Samen gewinnen. Nach der Blütezeit bilden sich dicke Samenkapseln, die bis zum Herbst reif und prall sind. Reife Kapseln erkennen Sie daran, dass sie sich trocken anfühlen und braun verfärbt sind. Durch leichtes Schütteln fallen die einzelnen Samenkörner mühelos heraus. Es wäre toll, den Blumensamen im Sommer mit den Kindern selbst auf einer Wiese zu sammeln. Dadurch wird der Bezug zum hergestellten Samenpapier viel intensiver. Aber es funktioniert natürlich auch mit gekauftem Blumensamen.

Das Papier herstellen – so geht es:

- Papier oder Eierkartons in kleine Stücke reißen und in einen Eimer legen.
- Dann mit warmem Wasser so weit auffüllen, dass das Papier bedeckt ist.
- Papierschnipsel eine Stunde quellen lassen.
- Jetzt das Papier mit einem Pürierstab oder Mixer pürieren.
- Die nun breiige Papiermasse in einem feinen Sieb abtropfen lassen.
- Nun die Masse auf einem Baumwolltuch verteilen und Samen über die Papiermasse streuen.
- Das Papier mit einem Teigroller dünn ausrollen oder mit den Fingern dünn und möglichst gleichmäßig verteilen.
- Papier auf dem Tuch trocknen lassen.
- Ist es trocken, kann es vorsichtig vom Tuch gezogen werden.
- Das Papier einfach in Quadrate schneiden.
- Als Geschenk bietet es sich an, Motive aufzuzeichnen und auszuschneiden, z. B. Herzen oder Blumen zum Muttertag, Hasen zu Ostern oder … Praktisch als Geschenkbeigabe ist nun noch ein Anhänger, auf dem der Inhalt und eine kleine Pflegeanleitung zu lesen ist.

4 Was blüht denn da

Stempeln mit Blumen und Gräsern

Diese Stempeltechnik eignet sich zur Gestaltung von Wiesenbildern, zur Dekoration von Briefpapier, Notizzetteln und Lesezeichen oder einfach zum Bestaunen der Muster. Auch wenn kein Briefpapier usw. entstehen soll, ist es für die Kinder verblüffend welche Farben und Muster sich mit den Pflanzen ergeben.

Ihr braucht:

- ein weißes Blatt Papier
- Blüten oder Gräser
- einen Stein oder kleiner Hammer
- Küchenrolle

So geht es:

- Zuerst geht es auf die Wiese, die Kinder pflücken sich ein paar Blumen oder Gräser.
- Dann sucht sich jeder noch einen dicken Stein, den er als Hammerersatz verwenden kann. Oder man verwendet eben einen kleinen Hammer.
- Auf das weiße Blatt Papier wird nun eine Blüte oder Blatt gelegt. Zur Gestaltung von Briefpapier oder Notizzettel werden die Blüten/Blätter an den Rand des Papiers gelegt.
- Nun mit einem Blatt Küchenrollenpapier abdecken.
- Damit es nicht ganz so rutscht, haben wir es mit Klebestreifen auf der Unterlage fixiert.
- Den Stein als Hammer verwenden und leicht auf die Stelle mit der Blüte klopfen bzw. den Stein über die Blüte/Pflanze rollen.
- Küchenrollenpapier und Pflanzenteile vorsichtig entfernen und das Blatt gut trocknen lassen, damit der Abdruck nicht verwischt.
- Wollt ihr noch mehr Abdrücke an anderer Stelle haben, wechselt die Küchenrolle, damit die Farbe des vorhergehenden Abdruckes nicht übertragen wird.

4 Was blüht denn da

Die Farben der Natur

Ihr braucht:

- einen Bogen weißes Papier
- doppelseitiges Klebeband
- oder einen Klebestift
- verschiedene Blüten, Grashalme, Blätter ...

So geht es:

1. Auf ein weißes Blatt Papier wird ein doppelseitiges Klebeband geklebt oder mit einem Klebestift Kleber verteilt.
2. Nun bekommen die Kinder die Aufgabe, Pflanzenteile mit verschiedenen Farben zu suchen, und auf dem Kleber zu verteilen.
3. Dies kann, je nach Alter der Kinder, kunterbunt durcheinander erfolgen oder schön nach Farbtönen sortiert sein. Wird nach Farbabstufungen geordnet, werden die Kinder erkennen, wie viele verschiedene Farbtöne in der Natur vorhanden sind.
4. Sind die Kinder fertig, kann anschließend jedes etwas Sand über dem Bild verteilen und dann abschütteln, damit der übrige Kleber nicht mehr klebt.
5. Jeder kann am Ende sein Bild als Erinnerung mit nach Hause nehmen

Findet man nur eine Wiese mit kaum Blüten, kann man diese Aktion mit verschiedenen Grüntönen durchführen. Denn auch hier bietet die Natur eine große Variationsbreite von hellgrün über gelbgrün, blaugrün bis zu kräftigem dunkelgrün.

4 Was blüht denn da

Pflanzenfarben selbst gemacht

Aus fast allen Pflanzen lassen sich Farben zum Malen und Färben herstellen, aber nur einige ergeben ein schönes Rot, Gelb oder Grün. Naturfarben sind eher durchscheinend und ähneln Aquarellfarben. Durch die Zugabe eines Bindemittels (z. B. Öl oder Zuckerwasser) kann die Deckkraft verbessert werden. Am besten haltene sich die Farben in einem Glas im Kühlschrank.

Ihr braucht:

- Blüten, Wurzeln oder Blätter einer Pflanzenart
- Mörser oder Pürierstab
- evtl. einen Sieb, Wasser, etwas Speisestärke

So geht es:

- Pflanzenmaterial in Stücke reißen oder schneiden.
- Dann mit einem Mörser so lange bearbeiten, bis ein dicker Pflanzenbrei entsteht.
- Dabei nur immer gleiche Pflanzenteile verwenden, entweder Blüten, Blätter oder Wurzeln.
- Keine verschiedenen Pflanzenarten mischen! Das würde alles nur ein schmutziges braun oder grün ergeben.
- Ein paar Tropfen Wasser dazugeben und nochmals gut vermischen.
- Nun könnt ihr testen, ob sich eine schöne Farbe ergeben hat.
- Eventuell die Masse noch durch ein Sieb streichen und die Farbe ist fertig.

Oder so:

- Kleingeschnittenes Pflanzenmaterial mit wenig Wasser etwa 10 – 15 Minuten kochen.
- Dann mit einem Pürierstab fein pürieren.
- Gibt man nun etwas Speisestärke dazu und kocht das ganze nochmal auf, wird die Farbe dickflüssiger und haftet besser.
- Farbe kurz abkühlen lassen und schon kann damit gemalt werden. Ein Tipp, welche Wiesenpflanzenblüten besonders kräftige Farben ergeben:

Gelbtöne: Löwenzahn oder Rainfarnblüten

Grüntöne: Johanniskrautblüten

Rot oder grün: Brombeeren (Beeren oder Blätter)

Blau oder grün: Holunderbeeren (Beeren oder Blätter)

4 Was blüht denn da

„Wiesenwasser"

Ihr braucht:

- Mörser
- Becher mit flachem Boden (ca. 150 ml)
- pro Tasse ein Teelöffel Honig oder Zucker
- eine Kinderhand voll Kräuter (Kamille, Schafgarbe,
- Gänseblümchen, Kleeblüten, Holunderblüten ...)
- 150 ml Wasser pro Becher

So geht es:

- Kräuter mit dem Honig oder Zucker gut zerstampfen.
- Mit kaltem Wasser aufgießen.
- Umrühren und kurz ziehen lassen.
- Und schon kann man sich das erfrischende, kalte Getränk schmecken lassen. Falls die Kräuter die Kinder zu sehr stören, noch durch ein Sieb geben.

Blüteneiswürfel

- Mit den Kindern im Garten oder auf der Wiese essbare Blüten pflücken.
- Im Kindergarten sollte man den Kindern eine Auswahl an Pflanzen zeigen, von denen sie die Blüten pflücken können.
- Nun von den Blüten vorsichtig den Blütenstiel entfernen.
- Die Eiswürfelschale zur Hälfte mit Wasser füllen. Nimmt man dazu Mineralwasser, bleiben die Eiswürfel durchsichtig.
- In jedes Eiswürfelfach eine Blüte geben und etwas ins Wasser tauchen. Im Eisschrank gefrieren lassen.
- Sind die Schalen gefroren, bis zum Rand mit Wasser füllen und nochmals einfrieren.

Tipp: Man kann sowohl die Eiswürfel wie auch das Wiesenwasser sehr gut mit Brombeeren oder Himbeeren machen, das schmeckt ebenfalls lecker!

Wir entdecken Wald- und Wiesenpflanzen – Bestell-Nr. 12 842

5 An Wiesen-, Weg- und Waldrand

Schwarzer Holunder

Am Weg- und Waldrand stehen oft Holunderbüsche. Der Holunder ist ein schnellwachsender Baum oder Strauch, der 3 bis 6 m hoch werden kann.
Er ist eine bekannte Heilpflanze. Fast alles von diesem Baum kann man verwerten. Aber Vorsicht: Alle Teile des Holunders sind roh giftig und führen zu Brechreiz und Durchfall. Erst durch Erhitzen wird der Holunder genießbar.

Im Frühling blüht der Schwarze Holunder mit weißen Blütenständen. Diese duften leicht süß. Aus den Blüten kann man Holunderblütengelee oder Holunderblütensirup herstellen.

Die Früchte des Holunders sind erst grün und reifen dann zu schwarzen Beeren. Die reifen Holunderbeeren müssen abgekocht werden. Sie können dann zu Marmelade oder Getränken wie Holundersaft verarbeitet werden.

Wir machen Holundersirup

Ihr braucht: (für etwa 30 Portionen)

- 40 Holunderblüten
- 2 l Wasser
- 4 Bio-Zitronen (oder Orangen)
- 50 g Zitronensäure
- 3 kg Zucker

So geht es:

- Die Holunderblütendolden gut abschütteln, damit ungewünschte Mitbewohner herausfallen. Die dickeren Stängel abschneiden.
- Die Zitronen in Scheiben schneiden. Dann alle oben genannten Zutaten in eine große Schüssel oder ein Einmachglas geben.
- 3 – 5 Tage an einem dunklen und kühlen Ort stehen lassen, mit einem Deckel oder Tuch abdecken. So lange stehen lassen bis sich der Zucker aufgelöst hat und kein Zucker mehr am Boden ist. Einmal pro Tag alles gut durchrühren.
- Danach durch ein feines Tuch (Mulltuch) in einen Kochtopf abseihen. Einmal kurz aufkochen lassen und in saubere Flaschen (mit Schraubverschluss) abfüllen.
- Zum Servieren einen Schuss Holundersirup in ein Glas geben und mit Wasser aufgießen. Wer möchte kann Eiswürfel hinzufügen.
- Eignet sich großartig für die Vorratskammer und hält sich gut verschlossen 6 Monate.

5 An Wiesen-, Weg- und Waldrand

Brombeeren

Brombeeren finden wir an Wald- und Wegrändern. Leider haben sie fiese Dornen, woran man sich leicht verletzen kann. Im Winter verlieren die Brombeeren ihre Blätter. Im Frühling wachsen neue Triebe. Daran bilden sich weiß-rosa Blüten. Aus diesen Blüten wachsen die Früchte, die von Juli bis Oktober geerntet werden können.

Brombeeren sind erst grün, dann werden sie rot und schließlich schwarz. Erst dann sind sie reif. Die Blätter der Pflanze können getrocknet und als Tee verwendet werden. Aus den Früchten kann man Brombeergelee machen.

Aufgabe 1: *Die Kinder sollen Lena helfen, den Weg nach Hause zu finden. Dabei müssen aber alle Brombeeren eingesammelt werden!*

KOHL VERLAG Wir entdecken Wald- und Wiesenpflanzen – Bestell-Nr. 12 842

❺ An Wiesen-, Weg- und Waldrand

Die Heckenrose

In der Natur ist sie an Wegrändern, auf Weiden und Böschungen oder in lichten Wäldern anzutreffen. Wie die meisten Wildrosen trägt auch die Heckenrose im Herbst essbare Früchte, die Hagebutten. Sie reifen erst spät im Oktober und November und bleiben häufig bis zum Frühling am Strauch. Dadurch sind sie eine gute Winternahrung für Vögel. Aus ihnen lassen sich aber auch allerlei Köstlichkeiten herstellen, z. B. Hagebuttengelee oder Hagebuttentee.

Ein Männlein steht im Walde

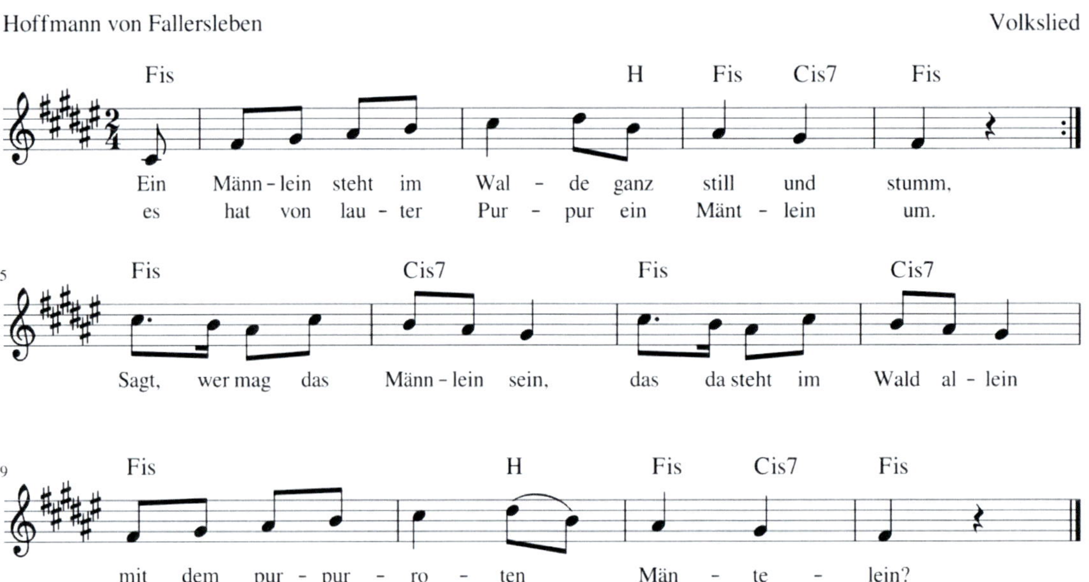

Das Männlein steht im Walde
auf einem Bein
und hat auf seinem Haupte
schwarz Käpplein klein.
Sagt, wer mag das Männlein sein,
das da steht im Wald allein
mit dem kleinen schwarzen Käppelein?

Das Männlein dort
auf einem Bein
Mit seinem roten Mäntelein
Und seinem schwarzen Käppelein
kann nur die Hagebutte sein!

6 Lösungen

1 Aufgabe 1:

a)

2
4
2
3
4

b)

c)

d)

2 Aufgabe 1:

Die folgenden Pilze sind giftig:

Morchel (roh, gekocht essbar),
Fliegenpilz

KOHL VERLAG Wir entdecken Wald- und Wiesenpflanzen – Bestell-Nr. 12 842

6 Lösungen

4 Aufgabe 1:

Aufgabe 2:

Aufgabe 3:

1. Glockenblume
2. Hahnenfuß
3. Gänseblümchen
4. Schneeglöckchen
5. Löwenzahn

Aufgabe 4:

Es fehlen: Glockenblume, Kornblume, Rainfarn, Mohn und Kamille

5 Aufgabe 1: